youniversal

Dein Journal
für Work, Life und Balance

YAVI HAMEISTER

◆

Wahrer Erfolg ist nicht,
besser zu sein als andere.

Wahrer Erfolg ist,
wenn wir heute besser sind,
als wir es gestern waren.

Der einzige Vergleich,
den wir jemals ziehen sollten,
ist der mit uns selbst.

YAVI HAMEISTER*

*ALLE FOLGENDEN ZITATE STAMMEN AUCH VON YAVI HAMEISTER

EINLEITUNG

TUN, WAS ICH WIRKLICH TUN WILL,
UND DAS MIT FREUDE UND FORTSCHRITT!
DAS IST MEINE DEFINITION VON ERFOLG IM LEBEN.

Dieses Buch ist die Grundlage *meines* Erfolgs. Vor einigen Jahren begann ich, meine Gedanken und Gefühle aufzuschreiben, Ziele und Visionen zu definieren und alle Next Steps zu notieren, die nötig waren, um ihnen nachzugehen. Fast jeden Tag brachte ich meine Ideen, Aufgaben und Gefühle zu Papier und legte so die Wege zu mir selbst und meinem unendlichen Potenzial frei. Nichts war mehr unmöglich, wenn ich träumen, meine Träume niederschreiben, manifestieren, ihre Realisierung planen und schließlich umsetzen konnte. Ich stellte fest: Alle Limits sind nur in meinem Kopf.

Ich hatte zuvor viele Journale ausprobiert und doch keines gefunden, an dem ich wirklich dranblieb. Mal waren es zu viele Felder, die gefüllt werden mussten und zu viel Zeit erforderten, mal waren sie zu spirituell formuliert mit fehlendem Raum für Planung und Organisation. Ich wollte ein universelles Buch, das mich im Leben, aber auch im Job unterstützt. Mehr Klarheit, weniger Blabla. Also kaufte ich ein Blanko-Notizheft und malte mir meine Seiten selbst – exakt so, wie ich sie brauchte. Zwei Jahre später malte ich sie immer noch. Diese Methode ist für mich die erste, die sich bewährt hat, weil ich dranbleibe und weil sie mir ermöglicht, meine selbst gesteckten Ziele zu erreichen und mein Leben so zu leben, wie ich es wirklich will. Und nun teile ich sie mit dir, damit auch du wieder fliegen kannst, wo auch immer es dich hinzieht. Und das wirst du.

Ich bin weder besser, cleverer noch fleißiger als andere. Was mich all meine Wunschprojekte realisieren lässt, ist die Tatsache, dass ich mithilfe meines youniversals aufgehört habe, alles zu zerdenken, und angefangen habe, einfach zu machen. Während andere noch Gründe suchen, etwas nicht zu tun, habe ich bereits drei Punkte von meiner »TuDU«-Liste gestrichen. Ich komme ins Handeln, bevor mein Kopf mich davon abzubringen versucht. Deshalb ist mein Journal kein klassisches Journal, vielmehr ein Journalizer = Journal meets Organizer. Auf der einen Seite sind unsere Gefühle und Bedürfnisse – das Ich, der Mensch. Und auf der anderen Seite ist da die Disziplin, Selbstführung, Struktur, Organisation, Professionalität – was uns ermöglicht, nicht nur in der bloßen Existenz zu bleiben, sondern großartige Dinge zu erschaffen, die uns mit Stolz, Energie und Freude erfüllen. Für mich ist ein solches Ding das youniversal – ein großes Herzensprojekt. Und: Eine garantierte Erfolgsgrundlage, wenn du es dazu machst.

Ich wünsche mir für dich, dass das youniversal dir den Erfolg bringt, den du dir wünschst – wie auch immer *du* ihn für *dich* definierst.

Die Sterne stehen gut heute.
Wollen wir los?

MEIN WEG ZU EINEM LEBEN IN FÜLLE, FREUDE UND ERFOLG

———

Wenn es gut läuft und wir 100 Jahre alt werden, leben wir 5200 Wochen auf dieser Erde. Was macht diese Zahl mit dir? Mir zeigt sie vor allem, wie kurz und limitiert unsere Lebenszeit ist – insbesondere wenn wir bedenken, wie schnell eine Woche vergangen ist, ohne dass wir bewusst und ehrlich gel(i)ebt haben.

Wir können natürlich nicht alles beeinflussen, was in jeder Woche, in jedem Moment unseres Lebens passiert. Aber wir haben einen Einfluss darauf, mit welchen Gedanken wir jeden kostbaren Tag unseres Lebens beginnen – und diese wiederum beeinflussen unsere Stimmung und Gefühle, die uns durch diesen Tag tragen. Wie einfluss-REICH wir doch eigentlich sind, nicht wahr?

Die größte Macht über unsere Gedanken und unsere innere Welt haben wir direkt nach dem Aufwachen, da sich unser Gehirn dann im Alphamodus befindet, einem Bewusstseinszustand, in dem wir noch tiefenentspannt und zugleich besonders kreativ und empfänglich für außerordentliche Ideen sind. Diese Augenblicke sind kostbar, weil sie einen kurzen, aber intensiven Übergang von Unterbewusstsein zu Bewusstsein darstellen. In unserem Unterbewusstsein schlummern all die (negativen) Glaubenssätze, die letztlich nahezu all unsere Entscheidungen steuern. Glaubenssätze sind unsere Überzeugungen darüber, wie wir sind. Sie wurden größtenteils in unserer Kindheit manifestiert, bestimmen aber noch heute unser erwachsenes Leben und Selbstbild – nicht immer zu unserem Vorteil. Wenn wir dieses frühe, magische Zeitfenster nutzen, um unsere negativen Glaubenssätze durch gute, lebensbejahende zu ersetzen, und uns mit Hoffnung und Liebe auf den Tag einstellen, formen wir eine ganz andere Realität und können die (innere) Welt völlig neu erleben. Den Morgenmoment für Meditationen, Mantren oder andere ichbezogene Morgenroutinen zu nutzen, kann ein revolutionäres Leben(sgefühl) möglich machen!

Seitdem ich eine für mich passende Morgenroutine aus Meditation (10 bis 15 Minuten) und/oder Klavierspielen (10 bis 15 Minuten) und dem Journalizen (3 bis 5 Minuten) etabliert habe, haben sich meine gesamte Wahrnehmung, mein Mindset und mein Umgang mit Stress, Krisen, zwischenmenschlichen Konflikten und (beruflichen) Herausforderungen komplett geändert. Denn ich entscheide mich für Gedanken, die mir dienen, nicht die, die mir das Leben noch schwerer machen, als es das manchmal ohnehin schon ist. Und bei 70 000 Gedanken pro Tag, die wir sowieso denken, haben wir schließlich die Wahl: Denken wir positiv und konstruktiv oder ziehen wir uns selbst runter?

Wie du konstruktiv denken und planen kannst, zeige ich dir auf den folgenden Seiten. Doch zunächst möchte ich dir mehr von diesem Buch erzählen – deinem youniversal.

YOUNIVERSAL – DIE METHODE

In dem Wort *youniversal* verschmelzen drei thematische Elemente und formen sich zu einem Gesamtkonzept, das der Namensgebung zugrunde liegt.

YOU = Du bist das Genie, das sein eigenes Universum erschafft. DU und deine Kreativität, Intelligenz, Liebe, Einzigartigkeit, Schöpferkraft, DU mit deinem Ozean von Emotionen und der Unendlichkeit deines Verstandes. Verliebe dich in das Wunder, das du bist, sei gut zu dir, übernimm Selbstverantwortung, werde selbstwirksam, sprenge deine Fesseln und flieg! Dir kann nichts passieren.

UNIVERSE = Wie du deine Welt erschaffst, wird vom Universum – allem um dich herum – gespiegelt. Was du raussendest, bekommst du zurück; die Energie, mit der du durch das Leben gehst, wird von gleicher Energie gematcht. Ein fantastisches und doch reales Phänomen, weil wunderbare Dinge geschehen, wenn du dir deiner Schaffensmacht bewusst wirst und dein Schöpfertum aktiv lebst. Mit anderen Worten: Verändere deine Realität, indem du zunächst deine innere Welt so gestaltest, wie du auch deine äußere Welt erleben möchtest.

UNIVERSAL = Die youniversal-Methode schließt nicht nur die geistige Welt der Persönlichkeitsentwicklung und individuellen Entfaltung ein, sondern auch die pragmatische und berufliche, also die tatsächlichen Handlungen in diesem doch so großen, für viele wichtigen Lebensbereich. Denn nur in der geistigen Abstraktion zu bleiben, wird deinem Potenzial nicht gerecht. Also raus aus dem Kopf, rein in den Körper. Das ist der universelle Aspekt dieses Buchs: Hier vereinen sich Work, Life und deine reine Essenz, dein wahres Ich, das alle seine Anteile synergetisch zusammenbringt. Hier stärken wir nicht nur deinen innersten Kern, sondern boosten auch Produktivität, Effizienz und Erfolg.

Die Methode von youniversal ist simpel und umfasst nur vier Hauptbestandteile:

1. ein Dankbarkeitsritual,
2. den Gedanken für den Tag
   (oder auch: Leitspruch | Mantra | Affirmation),
3. eine TuDU-Liste (aufgeteilt in zwei Bereiche: Work und Life)
4. und die Gefühle des Tages.

Meine Erfahrung zeigt, dass diese Kategorien essenziell sind, um mich von innen heraus zu stärken, mental auf den Tag vorzubereiten und ihn gleichzeitig gut zu planen, um alle meine Aufgaben strukturiert und möglichst gelassen zu erledigen. Natürlich könnten wir noch viele weitere Aufgaben und Felder integrieren – aber mir fehlen Kapazitäten für komplexes Journaling am Morgen. Geht es dir da genauso? Dann wirst du dich freuen, dass diese Technik nur wenige Minuten in Anspruch nimmt und trotzdem eine maximale Wirkung auf deine Stimmung, Resilienz UND Leistungsfähigkeit hat. Auf der nächsten Seite erläutere ich die vier Kategorien etwas genauer und versuche, dir eine Inspiration für *dein* youniversal zu geben.

HOW TO USE

DIE VIER KATEGORIEN

ICH BIN DANKBAR ...

*Wie viele Gründe fallen dir ein,
um dich in eine positive
Tagesstimmung zu versetzen?*

Schreibe jeden Morgen auf, wofür du dankbar bist. Sei es dein Daily Coffee, dein warmes Bett oder seien es deine Eltern. Warum? »Nicht die Glücklichen sind dankbar. Es sind die Dankbaren, die glücklich sind.« (Francis Bacon) Dankbar zu sein für das, was war, und für alles, was noch kommt, ist wie dein Anker: Es gibt dir die Sicherheit, dass jetzt schon vieles gut ist und gut werden wird, weil du erkennst, wie viel du bislang schon geschafft, erlebt und erreicht hast: wer du JETZT bist und dass du genug bist.

GEDANKE(N) FÜR DEN TAG

*Erschaffe eine Realität und
eine Identität, in der du
strahlen kannst!*

Verbinde dich mit dir selbst, fühle in dich hinein und finde heraus, was du heute brauchst, um dich gut und stark zu fühlen. Notiere dir einen Leitsatz, der dich heute begleiten und supporten soll. Zum Beispiel: »Ich vertraue darauf, dass zu mir kommt, was zu mir gehört – Geduld ist mein Tool zu Zufriedenheit und Glück.« Diese Zeilen sind deine Möglichkeit, negative Glaubenssätze durch neue, positive zu ersetzen.

LIFE

WORK

Hier darf alles stehen, was du sonst
so erledigen möchtest, zum Beispiel:

+ einkaufen,

+ spazieren gehen,

+ Oma anrufen.

Was steht heute an?
Notiere dir deine Aufgaben:

+ Ordne sie nach Priorität.

+ Was in der Liste ganz unten steht,
 kann im Zweifel in den nächsten
 Tag geschoben werden.

GEFÜHL(E) DES TAGES

Fühle dich selbst in der Stille,
um deine Bedürfnisse wahrzunehmen
und dich wahrhaftig kennenzulernen.

Geh in einen liebevollen, achtsamen Dialog mit dir. Frage dich: Was fühle ich heute? Wie ist meine Gemütslage? Wo stehe ich in meiner aktuellen Lebensphase?

Werte nicht. Es gibt kein Richtig oder Falsch: Alle Gefühle sind wichtig. Gib ihnen den Raum und die Aufmerksamkeit, die sie verdienen, denn sie bleiben hartnäckig und kommen immer wieder, wenn du ihnen nicht zuhörst. Checke aber immer wieder mit ein bisschen rationalem Abstand, aus welchem Bereich deines Inneren deine Gefühle kommen: aus der Perspektive deines verletzten inneren Kindes oder aus der reifen deines Erwachsenen-Ichs?

WAS DIE VIER KATEGORIEN BEDEUTEN

1. DANKBARKEIT

Dankbarkeit zu praktizieren, um glücklicher und erfolgreicher zu werden, ist mittlerweile nichts Revolutionäres in der Persönlichkeitsentwicklungsszene mehr. Was großartig ist! Denn dankbar zu sein ist das Fundament, auf dem alles andere aufbaut. Gedanken der Dankbarkeit reduzieren Stress und Ängste, erden, zeigen all den Reichtum auf, den wir manchmal im Vergleich mit anderen und dem Streben nach Mehr übersehen. Sie füllen uns mit Wärme, Liebe und Energie und lassen uns Dinge aus der Fülle, nicht aus Mangel tun – was wiederum die Quelle der Freude am Tun ist. Und das Wunderbare ist, dass jede:r von uns mindestens einen Grund hat, täglich dankbar aufzuwachen: seinen Herzschlag. Und solange es den gibt, ist noch alles möglich.

2. GEDANKE(N) FÜR DEN TAG

Was wir in den ersten Minuten nach dem Aufwachen denken, fühlen und tun, ist wie der Boden, auf dem wir den ganzen Tag gehen und arbeiten. Was wir dort auf dem »Nährboden« zu Beginn gesät haben, bringt gute Ernte oder Leere, Unzufriedenheit und Frustration. Als ich anfing, jeden Morgen einen »Gedanken für den Tag« aufzuschreiben, und damit die Weichen für meine Emotionen stellte, verliefen meine Tage deutlich produktiver und positiver. Ich erkannte: Mit nur wenigen Worten hatte ich selbst die Entscheidung getroffen, wie ich sein und denken wollte an diesem Tag, und machte mich damit unabhängig von äußeren, unsicheren Faktoren.

Der Gedanke für den Tag hat noch einen anderen magischen Effekt: Er gibt dir die Möglichkeit, deine Perspektive zu ändern. Wie wir mit Situationen umgehen, ob sie uns beispielsweise belasten oder neutral begegnen, hängt allein davon ab, welche Wertung wir ihnen geben.

Nichts *IST* einfach – sondern bekommt seine Bedeutung erst durch unsere individuelle Interpretation. Du kannst also entscheiden, ob du morgens auf einen »ätzenden Tag« voller »stressiger Aufgaben« schaust, die dich »einfach nur fertigmachen«, oder ob du aufschreibst: »Ich bewältige heute alle meine spannenden Aufgaben mit Leichtigkeit, denn ich habe alles in mir, was ich brauche, um jede Herausforderung zu meistern. Ich finde heraus, wie.« (Bitte achte darauf, bei der Formulierung in der Gegenwart zu bleiben. »Ich bin« oder »Ich habe« haben eine stärkere Wirkung auf dein Unterbewusstsein als ein »Ich werde«.)

DER CLOU IST: Dein Gedankensatz für den Tag wird dir im weiteren Tagesverlauf immer wieder begegnen, da er direkt über deinen TuDUs steht und dein Blick zwangsläufig dahin schweifen wird. Er ist wie ein visueller, subtiler Reminder daran, mit welcher Intention du in den Tag gestartet bist; du darfst den erneuten Impuls nutzen, um dich selbst zu überprüfen und dich gegebenenfalls wieder neu auszurichten.

3. DIE TuDUS

TuDU-Listen haben einen hohen Stellenwert in meinem Leben und deshalb auch im youniversal, weil mir Struktur im Privaten sowie der Lebensbereich Arbeit sehr wichtig sind und ich mich in ihm komplett verwirklichen möchte. Außerdem bin ich zeitlich limitiert, da mir wegen meiner kleinen Kids nur wenige Stunden pro Tag für die Arbeit zur Verfügung stehen. Selbstführung (= die Kompetenz, das eigene Fühlen, Denken und Handeln mittels Selbstreflexion und -motivation zielgerecht zu beeinflussen und damit auch die eigene Leistung zu steigern) und eine solide Organisation sind deshalb das A und O für einen produktiven Arbeitsverlauf und mein Gefühl, mit dem ich den Tag beende. Ich notiere mir sowohl am Sonntagabend die TuDUs für die bevorstehende Woche als auch jeden Abend und/oder jeden Morgen weitere TuDUs, die sich zwischenzeitlich ergeben haben. Ich versuche, sie bereits nach Priorität zu listen, um die wichtigsten beziehungsweise die zeitkritischen zuerst anzugehen, und weitere, die nicht unbedingt erledigt werden müssen, im Zweifel in den nächsten Tag zu schieben. Wenn die Liste erst einmal steht, schalte ich auf Autopilot und gehe die Aufgaben nach und nach an. Ich hake erst eine Aufgabe ab, bevor ich die nächste beginne. Das bringt zum einen Ruhe in den Prozess und zum anderen erreiche ich dadurch Fokussierung – den Schlüssel für effizientes Arbeiten.

Wenn du Mühe hast, motiviert und diszipliniert zu sein, dann baue in deine Liste Pausen oder Belohnungen ein. Vielleicht hilft es dir, wenn du dich auf einen köstlichen Cappuccino in der Sonne auf dem Balkon freuen kannst, nachdem du die ersten drei Aufgaben des Tages geschafft hast? Du wirst in diesem Buch auch zusätzliche TuDU-Listen finden, die du nutzen kannst, um zum Beispiel ein Projekt zu planen oder den gesamten bevorstehenden Monat. Ich selbst habe für jeden Monat im Jahr eine eigene TuDU-Liste, auf der private und berufliche Projekte stehen und die ich bis zum Ende des Monats erledigen möchte. Auf diese Weise habe ich einen guten Überblick über den Monat und das, was er mit sich bringt – und alles, was auf dem Papier steht, fliegt nicht wirr und wurmend in meinem Kopf herum.

4. DIE GEFÜHLE DES TAGES

Dieses Feld gibt Raum für Notizen, die die Beziehung zu dir selbst stärken. Das können ganz verschiedene Notizen sein. Vielleicht lebst du monatszyklusorientiert, so wie ich, und möchtest deine Stimmung tracken, um ein besseres Gefühl für deine verschiedenen Phasen und Bedürfnisse zu entwickeln, oder um Kenntnisse über deine Leistungskurven zu gewinnen. Oder du reflektierst gerne deinen Tag, bevor du abends ins Bett gehst, weil es dir guttut, deinen Kopf zu leeren und für eine ruhige Nacht vorzubereiten. Wie auch immer du dieses Feld für Notizen nutzen möchtest, nutze es! Denn dahinter steckt meine Überzeugung, dass ein Leben in Freundschaft mit uns selbst ein deutlich schöneres ist. Der wichtigste Mensch in deinem Leben bist du! Und möchtest du in Frieden, Freude, Harmonie und (Selbst-)Liebe leben, dann widme dir pro Tag einen Moment, lass es nur eine Minute sein, in der du kurz, aber achtsam in dich einckeckst und dich ehrlich fragst: Wie geht es mir eigentlich?. Es geht nicht darum, lösungsorientiert zu reagieren. Es geht darum anzunehmen, was ist, und dadurch zu entspannen. Darum, dich mit dir selbst zu verbinden, somit besser kennenzulernen und deine Intuition – die absolute Superkraft! – (wieder) zu entdecken. Ein ehrlicher Dialog mit dir selbst lässt dich überhaupt erst verstehen, wer du sein und wo du hinwillst.

Was dir dabei auch hilft, ist die Visualisierung auf den nächsten Seiten. Ich beantworte mir die dort gestellten vier Fragen mindestens einmal im Jahr zum Jahresende und visualisiere damit mein kommendes Jahr. Wenn mein Notizbuch voll ist, überprüfe ich meine Antworten noch einmal und notiere sie erneut in meinem neuen Notizbuch. Was mich immer wieder überrascht, ist die Wirkung von Visualisierungen, denn rückblickend durfte ich erkennen, dass sich alles erfüllte, was zuvor nur als Gedanke entstand, dann zu Papier kam und in meinem Unterbewusstsein fortwährend arbeitete und sich manifestierte. Sei es, dass ich mein Traumhaus finde, ein neues Buchprojekt beginne, das Klavierspielen wieder aufgreife oder eine neue Firma gründe.

Warum empfehle ich auch dir, deine Zukunft zu visualisieren? Ich lebe in der Überzeugung, dass wir uns weniger damit auseinandersetzen sollten, wo wir herkommen und wer wir waren, sondern vielmehr damit, wie wir sein wollen. Was war, ist geschehen. Lass es ruhen. Was wird, liegt in deiner Imagination und Hand. Die Leinwand ist noch leer – was willst du malen?

WICHTIG: Formuliere deine Visualisierungen bitte in der Gegenwart, nicht im Konjunktiv (zum Beispiel »Ich wünschte, ich wäre am Strand und läge in der Sonne und bekäme danach das super Jobangebot«) oder in der Zukunftsform. Was du bereits als real, als DEINE Wahrheit platzierst, ist ebenfalls eine mentale Erfolgsstrategie und entscheidend für deine Selbstwahrnehmung.

Ich empfehle dir außerdem, dir genug Zeit zu nehmen, vorher in die Stille oder eine Meditation zu gehen und dann alles aus dir fließen zu lassen, was rauswill. Mal dir die schönsten Szenarien aus, die du dir nur vorstellen kannst, denn »wenn du es träumen kannst, kannst du es auch tun«, sagte Walt Disney – und meine Erfahrung zeigt: Es stimmt. Träum bis zum Mond und zurück, Beautiful Soul! Und hab vor allem Spaß dabei. Es ist dein Leben und du allein führst den Pinsel – und wählst die Farben!

✦

Visualisiere das Leben,
das du leben möchtest.

THE SKY IS ALSO NOT THE LIMIT.

DIE VIER VISUALISIERUNGSFRAGEN

1. WER UND WIE MÖCHTE ICH SEIN?

ALLES BEGINNT IN UND MIT DIR.

Frage dich: Wie ist der Mensch, der du sein möchtest?

Benutze für deine Antwort positive Adjektive und beschreibe, was dein Wunsch-Ich tut, wie es entscheidet, wie es aussieht, mit welchem Gefühl es durch sein Leben geht.

Wenn du nicht weißt, wo und wer du bist, bist du nicht verloren. Du bist bloß auf abenteuerlicher Entdeckungstour – genieß den Ausflug deines Lebens!

2. WIE UND MIT WEM MÖCHTE ICH LEBEN?

Hier geht es um dein Umfeld: Beschreibe den Ort, an dem du leben möchtest (so detailliert wie möglich), und die Menschen, die dich begleiten sollen. Was siehst du, wenn du morgens wach wirst?

Es ist dein Recht, so zu leben, wie es sich für dich gut anfühlt,
nicht so, wie es anderen gefällt. Du hast nur dieses eine Leben –
lebe es für DICH!

3. WO MÖCHTE ICH HIN UND WAS MÖCHTE ICH ERREICHEN?

STICHWORT KARRIERE BEZIEHUNGSWEISE JOB:

Was sind deine Ziele?

Wie und wo willst du arbeiten?

Wie sieht dein ideales Arbeitsumfeld aus?

STICHWORT PRIVATLEBEN UND FREIZEIT:

Was möchtest du in deinem Leben noch erleben und erreichen?

Hast du konkrete Visionen und Wünsche?

Und gibt es etwas, das du an deiner aktuellen Situation verändern möchtest?

Wenn es dir schwerfällt, Antworten zu finden, frage dich: »Was wünsche ich mir?«

Du musst niemanden von dir, von deinen Plänen und von deinen Zielen überzeugen, wenn DU überzeugt bist. Also l(i)ebe deine Wahrheit, und du bist frei von der Meinung und Zustimmung anderer.

4. WAS MÖCHTE ICH (NEUES) ERLERNEN UND VERSTEHEN?

HIER GEHT ES UM BILDUNG UND PERSÖNLICHKEITSENT-WICKLUNG: In welchem Bereich möchtest du neue Skills erlangen und dein Potenzial entfalten? Womit wolltest du längst anfangen? Gibt es etwas, das du vermisst oder zu dem du dich hingezogen fühlst?

. . . .

. . . .

. . . .

. . . .

. . . .

. . . .

. . . .

. . . .

. . . .

. . . .

. . . .

. . . .

. . . .

. . . .

Weil es noch nicht geschehen ist, bedeutet nicht, dass es nicht geschehen wird. Vertraue, hoffe, glaube (an dich), denn dann hast du schon alles, was du für einen guten Start brauchst.

◆

Zwischen dem, wo du jetzt stehst, und dem,
wo du sein willst, liegt die Zeit des Wachstums.
Rechne mit Wachstumsschmerzen,
aber vergiss nicht, dass es der Schmerz ist,
der dich wachsen lässt.
Große Ziele kannst du nicht in
deiner Komfortzone erreichen.

BIST DU NUN BEREIT,
DEINE UMLAUFBAHN ZU VERLASSEN?

DAS youniversal-JOURNAL

TuDU NEXT

ICH BIN DANKBAR ...   GEDANKE(N) FÜR DEN TAG

LIFE   WORK

✦   ✦

GEFÜHL(E) DES TAGES

DATUM

ICH BIN DANKBAR ...   GEDANKE(N) FÜR DEN TAG

. . . .
. . . .
. . . .
. . . .
. . . .
. . . .

LIFE   WORK

✦   ✦

GEFÜHL(E) DES TAGES

. . . .
. . . .
. . . .

ICH BIN DANKBAR ...   GEDANKE(N) FÜR DEN TAG

. . . .

. . . .

. . . .

. . . .

. . . .

LIFE   WORK

✦   ✦

GEFÜHL(E) DES TAGES

. . . .

. . . .

. . . .

DATUM

ICH BIN DANKBAR ... GEDANKE(N) FÜR DEN TAG

. . . .
. . . .
. . . .
. . . .
. . . .
. . . .

LIFE WORK

✦ ✦

GEFÜHL(E) DES TAGES

. . . .
. . . .
. . . .

DATUM

ICH BIN DANKBAR ...   GEDANKE(N) FÜR DEN TAG

· ·
· ·
· ·
· ·
· ·
· ·

LIFE   WORK

✦   ✦

GEFÜHL(E) DES TAGES

· ·
· ·
· ·

ICH BIN DANKBAR ...   GEDANKE(N) FÜR DEN TAG

. . . .
. . . .
. . . .
. . . .
. . . .
. . . .

LIFE	WORK
✦	✦

GEFÜHL(E) DES TAGES

. . . .
. . . .
. . . .

ICH BIN DANKBAR ...   GEDANKE(N) FÜR DEN TAG

. . . .

. . . .

. . . .

. . . .

. . . .

LIFE   WORK

✦   ✦

GEFÜHL(E) DES TAGES

. . . .

. . . .

DATUM

ICH BIN DANKBAR ...   GEDANKE(N) FÜR DEN TAG

....

....

....

....

....

....

LIFE   WORK

✦   ✦

GEFÜHL(E) DES TAGES

....

....

....

DATUM

ICH BIN DANKBAR ...   GEDANKE(N) FÜR DEN TAG

LIFE   WORK

+   +

GEFÜHL(E) DES TAGES

DATUM

ICH BIN DANKBAR ...   GEDANKE(N) FÜR DEN TAG

. . . .
. . . .
. . . .
. . . .
. . . .
. . . .

LIFE   WORK

◆   ◆

GEFÜHL(E) DES TAGES

. . . .
. . . .
. . . .

ICH BIN DANKBAR ...   GEDANKE(N) FÜR DEN TAG

. . . .
. . . .
. . . .
. . . .
. . . .
. . . .

LIFE   WORK

✦   ✦

GEFÜHL(E) DES TAGES

. . . .
. . . .
. . . .

◆

Alles im Leben passiert für und
nicht gegen dich – auch jedes Nein.
Das ergibt in diesem Moment vielleicht noch
keinen Sinn, aber irgendwann tut es das.
Und dann wirst du lächeln und »Danke!« sagen.

WELCHES NEIN KÖNNTE DEIN JA SEIN?

DEIN WELTRAUM FÜR
GEDANKEN, SKIZZEN, NOTIZEN

TuDU NEXT

DATUM

ICH BIN DANKBAR ...   GEDANKE(N) FÜR DEN TAG

. . . .

. . . .

. . . .

. . . .

. . . .

LIFE   WORK

◆   ◆

GEFÜHL(E) DES TAGES

. . . .

. . . .

. . . .

43)

ICH BIN DANKBAR ...   GEDANKE(N) FÜR DEN TAG

. . . .
. . . .
. . . .
. . . .
. . . .
. . . .

LIFE   WORK

◆   ◆

GEFÜHL(E) DES TAGES

. . . .
. . . .
. . . .

ICH BIN DANKBAR ...   GEDANKE(N) FÜR DEN TAG

LIFE   WORK

✦   ✦

GEFÜHL(E) DES TAGES

ICH BIN DANKBAR ...   GEDANKE(N) FÜR DEN TAG

. . . .

. . . .

. . . .

. . . .

. . . .

. . . .

LIFE   WORK

✦   ✦

GEFÜHL(E) DES TAGES

. . . .

. . . .

. . . .

ICH BIN DANKBAR ...   GEDANKE(N) FÜR DEN TAG

LIFE   WORK

◆   ◆

GEFÜHL(E) DES TAGES

ICH BIN DANKBAR ...   GEDANKE(N) FÜR DEN TAG

LIFE

◆

WORK

◆

GEFÜHL(E) DES TAGES

ICH BIN DANKBAR ...   GEDANKE(N) FÜR DEN TAG

LIFE   WORK

GEFÜHL(E) DES TAGES

ICH BIN DANKBAR ...   GEDANKE(N) FÜR DEN TAG

. . . .
. . . .
. . . .
. . . .
. . . .
. . . .

LIFE	WORK
✦	✦

GEFÜHL(E) DES TAGES

. . . .
. . . .
. . . .

DATUM

ICH BIN DANKBAR ...   GEDANKE(N) FÜR DEN TAG

LIFE   WORK

+   +

GEFÜHL(E) DES TAGES

51)

ICH BIN DANKBAR ...   GEDANKE(N) FÜR DEN TAG

. . . .
. . . .
. . . .
. . . .
. . . .
. . . .

LIFE   WORK

◆   ◆

GEFÜHL(E) DES TAGES

. . . .
. . . .
. . . .

ICH BIN DANKBAR ...   GEDANKE(N) FÜR DEN TAG

· ·

· ·

· ·

· ·

· ·

· ·

LIFE   WORK

◆   ◆

GEFÜHL(E) DES TAGES

· ·

· ·

· ·

✦

Vertraue darauf, dass zu dir kommt, was zu dir gehört.
Zu seiner Zeit und in seiner Form.
Vertrauen, Geduld und Annahme dessen,
was ist, sind die Essenz der Zufriedenheit.

WAS DARF NUN GEHEN,
WEIL ES NICHT (MEHR) ZU DIR PASST?

DEIN WELTRAUM FÜR
GEDANKEN, SKIZZEN, NOTIZEN

ERLEDIGT BIS

TuDU NEXT

DATUM

ICH BIN DANKBAR ...   GEDANKE(N) FÜR DEN TAG

. . . .

. . . .

. . . .

. . . .

. . . .

. . . .

LIFE   WORK

✦   ✦

GEFÜHL(E) DES TAGES

. . . .

. . . .

. . . .

ICH BIN DANKBAR ...   GEDANKE(N) FÜR DEN TAG

. . . .
. . . .
. . . .
. . . .
. . . .
. . . .

LIFE   WORK

✦   ✦

GEFÜHL(E) DES TAGES

. . . .
. . . .
. . . .

DATUM

ICH BIN DANKBAR ...   GEDANKE(N) FÜR DEN TAG

LIFE   WORK

◆   ◆

GEFÜHL(E) DES TAGES

ICH BIN DANKBAR ...   GEDANKE(N) FÜR DEN TAG

. . . .
. . . .
. . . .
. . . .
. . . .
. . . .

LIFE   WORK

✦   ✦

GEFÜHL(E) DES TAGES

. . . .
. . . .
. . . .

ICH BIN DANKBAR ...   GEDANKE(N) FÜR DEN TAG

LIFE   WORK

✦   ✦

GEFÜHL(E) DES TAGES

ICH BIN DANKBAR ...   GEDANKE(N) FÜR DEN TAG

. . . .
. . . .
. . . .
. . . .
. . . .
. . . .

LIFE   WORK

✦   ✦

GEFÜHL(E) DES TAGES

. . . .
. . . .
. . . .

ICH BIN DANKBAR ...   GEDANKE(N) FÜR DEN TAG

· ·

· ·

· ·

· ·

· ·

· ·

LIFE   WORK

◆   ◆

GEFÜHL(E) DES TAGES

· ·

· ·

ICH BIN DANKBAR ...   GEDANKE(N) FÜR DEN TAG

LIFE   WORK

✦   ✦

GEFÜHL(E) DES TAGES

ICH BIN DANKBAR ...   GEDANKE(N) FÜR DEN TAG

LIFE   WORK

✦   ✦

GEFÜHL(E) DES TAGES

ICH BIN DANKBAR ...   GEDANKE(N) FÜR DEN TAG

. . . .
. . . .
. . . .
. . . .
. . . .
. . . .

LIFE	WORK
✦	✦

GEFÜHL(E) DES TAGES

. . . .
. . . .
. . . .

DATUM

ICH BIN DANKBAR ...   GEDANKE(N) FÜR DEN TAG

. . . .

. . . .

. . . .

. . . .

. . . .

. . . .

LIFE   WORK

◆   ◆

GEFÜHL(E) DES TAGES

. . . .

. . . .

. . . .

✦

Dunkle Tage vergehen, helle kommen.
Du kannst bloß ungeduldig und unruhig auf
die besseren warten oder dich dafür
entscheiden, in der Geduld achtsam, dankbar
und somit jetzt schon glücklich zu sein.

WAS KANNST DU HEUTE TUN,
UM (FÜR DEN MOMENT) GLÜCKLICH ZU SEIN?

ERLEDIGT BIS

TuDU NEXT

ICH BIN DANKBAR ...   GEDANKE(N) FÜR DEN TAG

. . . .

. . . .

. . . .

. . . .

. . . .

. . . .

LIFE   WORK

◆   ◆

GEFÜHL(E) DES TAGES

. . . .

. . . .

. . . .

ICH BIN DANKBAR ...   GEDANKE(N) FÜR DEN TAG

LIFE   WORK

✦   ✦

GEFÜHL(E) DES TAGES

DATUM

LIFE   WORK

✦   ✦

GEFÜHL(E) DES TAGES

ICH BIN DANKBAR ...   GEDANKE(N) FÜR DEN TAG

LIFE   WORK

✦   ✦

GEFÜHL(E) DES TAGES

ICH BIN DANKBAR ...   GEDANKE(N) FÜR DEN TAG

LIFE   WORK

✦   ✦

GEFÜHL(E) DES TAGES

DATUM

ICH BIN DANKBAR ...   GEDANKE(N) FÜR DEN TAG

LIFE   WORK

◆   ◆

GEFÜHL(E) DES TAGES

ICH BIN DANKBAR ...   GEDANKE(N) FÜR DEN TAG

· ·
· ·
· ·
· ·
· ·

LIFE   WORK

✦   ✦

GEFÜHL(E) DES TAGES

· ·
· ·
· ·

DATUM

ICH BIN DANKBAR ...   GEDANKE(N) FÜR DEN TAG

LIFE   WORK

◆   ◆

GEFÜHL(E) DES TAGES

ICH BIN DANKBAR ...　　　　GEDANKE(N) FÜR DEN TAG

LIFE　　　　　　WORK

✦　　　　　　　✦

GEFÜHL(E) DES TAGES

DATUM

ICH BIN DANKBAR ...   GEDANKE(N) FÜR DEN TAG

LIFE   WORK

✦   ✦

GEFÜHL(E) DES TAGES

DATUM

ICH BIN DANKBAR ...   GEDANKE(N) FÜR DEN TAG

. . . .

. . . .

. . . .

. . . .

. . . .

. . . .

LIFE   WORK

✦   ✦

GEFÜHL(E) DES TAGES

. . . .

. . . .

. . . .

◆

Destruktive Gedanken machen es nicht besser.

Es ist, wie es ist.

Halte nicht fest, gehe weiter und konzentriere
dich darauf, was du beeinflussen kannst.

DU HAST EINFLUSS AUF DEINE GEDANKEN.
ERSETZE EINEN NEGATIVEN GEDANKEN DURCH EINEN
POSITIVEN, DER DIR GEFÄLLT UND GUTTUT.

*Erinnere dich an den guten Gedanken,
wenn der ursprüngliche zu laut wird.*

DEIN WELTRAUM FÜR
GEDANKEN, SKIZZEN, NOTIZEN

TuDU NEXT

ICH BIN DANKBAR ...   GEDANKE(N) FÜR DEN TAG

LIFE   WORK

♦   ♦

GEFÜHL(E) DES TAGES

DATUM

ICH BIN DANKBAR ...   GEDANKE(N) FÜR DEN TAG

LIFE

✦

WORK

✦

GEFÜHL(E) DES TAGES

ICH BIN DANKBAR ...   GEDANKE(N) FÜR DEN TAG

. . . .

. . . .

. . . .

. . . .

. . . .

. . . .

LIFE   WORK

◆   ◆

GEFÜHL(E) DES TAGES

. . . .

. . . .

. . . .

ICH BIN DANKBAR ...   GEDANKE(N) FÜR DEN TAG

. . . .
. . . .
. . . .
. . . .
. . . .
. . . .

LIFE	WORK
◆	◆

GEFÜHL(E) DES TAGES

. . . .
. . . .
. . . .

ICH BIN DANKBAR ...   GEDANKE(N) FÜR DEN TAG

LIFE   WORK

GEFÜHL(E) DES TAGES

ICH BIN DANKBAR ...   GEDANKE(N) FÜR DEN TAG

. . . .

. . . .

. . . .

. . . .

. . . .

. . . .

LIFE	WORK
✦	✦

GEFÜHL(E) DES TAGES

. . . .

. . . .

. . . .

ICH BIN DANKBAR ...   GEDANKE(N) FÜR DEN TAG

....

....

....

....

....

....

LIFE   WORK

✦   ✦

GEFÜHL(E) DES TAGES

....

....

....

DATUM

ICH BIN DANKBAR ...   GEDANKE(N) FÜR DEN TAG

. . . .

. . . .

. . . .

. . . .

. . . .

. . . .

| LIFE | WORK |
| ✦ | ✦ |

GEFÜHL(E) DES TAGES

. . . .

. . . .

. . . .

DATUM

ICH BIN DANKBAR   GEDANKE(N) FÜR DEN TAG

. . . .

. . . .

. . . .

. . . .

. . . .

LIFE   WORK

◆   ◆

GEFÜHL(E) DES TAGES

. . . .

. . . .

93)

DATUM

ICH BIN DANKBAR ...   GEDANKE(N) FÜR DEN TAG

LIFE   WORK

✦   ✦

GEFÜHL(E) DES TAGES

DATUM

. . . .
. . . .
. . . .
. . . .
. . . .
. . . .

LIFE

◆

WORK

◆

GEFÜHL(E) DES TAGES

. . . .
. . . .
. . . .

✦

Geh, wenn du nicht magst, wo du stehst.
Aber warte nicht, dass jemand kommt,
um dich wegzuziehen.

Die Verantwortung für dein Leben
liegt allein in deinen Händen.

WO MÖCHTEST DU HIN?

Gehe heute den ersten Schritt.

TuDU NEXT

ICH BIN DANKBAR ...   GEDANKE(N) FÜR DEN TAG

LIFE   WORK

◆   ◆

GEFÜHL(E) DES TAGES

ICH BIN DANKBAR ...   GEDANKE(N) FÜR DEN TAG

. . . .
. . . .
. . . .
. . . .
. . . .
. . . .

LIFE	WORK
◆	◆

GEFÜHL(E) DES TAGES

. . . .
. . . .
. . . .

ICH BIN DANKBAR ...   GEDANKE(N) FÜR DEN TAG

LIFE   WORK

◆   ◆

GEFÜHL(E) DES TAGES

ICH BIN DANKBAR ...   GEDANKE(N) FÜR DEN TAG

LIFE

WORK

GEFÜHL(E) DES TAGES

ICH BIN DANKBAR ...   GEDANKE(N) FÜR DEN TAG

· ·

· ·

· ·

· ·

· ·

LIFE   WORK

✦   ✦

GEFÜHL(E) DES TAGES

· ·

· ·

· ·

DATUM

ICH BIN DANKBAR ...   GEDANKE(N) FÜR DEN TAG

. . . .

. . . .

. . . .

. . . .

. . . .

. . . .

LIFE   WORK

✦   ✦

GEFÜHL(E) DES TAGES

. . . .

. . . .

. . . .

DATUM

ICH BIN DANKBAR ...   GEDANKE(N) FÜR DEN TAG

LIFE   WORK

◆   ◆

GEFÜHL(E) DES TAGES

ICH BIN DANKBAR ...　　　　GEDANKE(N) FÜR DEN TAG

LIFE

✦

WORK

✦

GEFÜHL(E) DES TAGES

ICH BIN DANKBAR ...   GEDANKE(N) FÜR DEN TAG

LIFE   WORK

✦   ✦

GEFÜHL(E) DES TAGES

ICH BIN DANKBAR ...   GEDANKE(N) FÜR DEN TAG

· ·

· ·

· ·

· ·

· ·

· ·

LIFE   WORK

✦   ✦

GEFÜHL(E) DES TAGES

· ·

· ·

· ·

ICH BIN DANKBAR ...   GEDANKE(N) FÜR DEN TAG

LIFE   WORK

◆   ◆

GEFÜHL(E) DES TAGES

◆

Wovon willst du heute in einem Jahr erzählen?

Von den vielen Chancen und Tagen,
die du hast verstreichen lassen,
oder von jenen, in denen du alles
versucht und gegeben hast?
Weil von Fehlern zu erzählen besser ist,
als aus Angst vor ihnen
nichts zu erzählen zu haben ...

DEIN BESTER FEHLER – WELCHER WAR DAS?

TuDU NEXT

ICH BIN DANKBAR ...   GEDANKE(N) FÜR DEN TAG

. . . .

. . . .

. . . .

. . . .

. . . .

LIFE   WORK

✦   ✦

GEFÜHL(E) DES TAGES

. . . .

. . . .

. . . .

DATUM

ICH BIN DANKBAR ...   GEDANKE(N) FÜR DEN TAG

· ·

· ·

· ·

· ·

· ·

· ·

LIFE   WORK

◆   ◆

GEFÜHL(E) DES TAGES

· ·

· ·

· ·

ICH BIN DANKBAR ...   GEDANKE(N) FÜR DEN TAG

. . . .

. . . .

. . . .

. . . .

. . . .

LIFE   WORK

✦   ✦

GEFÜHL(E) DES TAGES

. . . .

. . . .

115)

DATUM

. . . .
. . . .
. . . .
. . . .
. . . .
. . . .

LIFE

WORK

✦

✦

GEFÜHL(E) DES TAGES

. . . .
. . . .
. . . .

ICH BIN DANKBAR ...   GEDANKE(N) FÜR DEN TAG

LIFE   WORK

✦   ✦

GEFÜHL(E) DES TAGES

DATUM

ICH BIN DANKBAR ...   GEDANKE(N) FÜR DEN TAG

. . . .
. . . .
. . . .
. . . .
. . . .
. . . .

LIFE   WORK

✦   ✦

GEFÜHL(E) DES TAGES

. . . .
. . . .
. . . .

DATUM

. . . .

. . . .

. . . .

. . . .

. . . .

. . . .

| LIFE | WORK |
| ✦ | ✦ |

GEFÜHL(E) DES TAGES

. . . .

. . . .

. . . .

ICH BIN DANKBAR ...   GEDANKE(N) FÜR DEN TAG

LIFE

WORK

GEFÜHL(E) DES TAGES

DATUM

ICH BIN DANKBAR ...   GEDANKE(N) FÜR DEN TAG

LIFE   WORK

✦   ✦

GEFÜHL(E) DES TAGES

DATUM

ICH BIN DANKBAR ...   GEDANKE(N) FÜR DEN TAG

....
....
....
....
....
....

LIFE   WORK

◆   ◆

GEFÜHL(E) DES TAGES

....
....
....

122)

DATUM

ICH BIN DANKBAR ...   GEDANKE(N) FÜR DEN TAG

. . . .

. . . .

. . . .

. . . .

. . . .

LIFE   WORK

✦   ✦

GEFÜHL(E) DES TAGES

. . . .

. . . .

. . . .

◆

Du musst das letzte Kapitel nicht verstanden
haben, um mit dem nächsten anzufangen.

Wie willst du mit dem nächsten beginnen,
wenn du nicht aufhörst,
das letzte immer wieder zu lesen?

WIE LAUTET DER TITEL DEINES NÄCHSTEN KAPITELS?

DEIN WELTRAUM FÜR
GEDANKEN, SKIZZEN, NOTIZEN

TuDU NEXT

ICH BIN DANKBAR ...   GEDANKE(N) FÜR DEN TAG

LIFE   WORK

✦   ✦

GEFÜHL(E) DES TAGES

ICH BIN DANKBAR ... GEDANKE(N) FÜR DEN TAG

. . . .
. . . .
. . . .
. . . .
. . . .
. . . .

LIFE

WORK

◆

◆

GEFÜHL(E) DES TAGES

. . . .
. . . .
. . . .

ICH BIN DANKBAR ...   GEDANKE(N) FÜR DEN TAG

. . . .

. . . .

. . . .

. . . .

. . . .

LIFE   WORK

◆   ◆

GEFÜHL(E) DES TAGES

. . . .

. . . .

. . . .

ICH BIN DANKBAR ...   GEDANKE(N) FÜR DEN TAG

LIFE

◆

WORK

◆

GEFÜHL(E) DES TAGES

ICH BIN DANKBAR ...   GEDANKE(N) FÜR DEN TAG

LIFE   WORK

✦   ✦

GEFÜHL(E) DES TAGES

DATUM

. . . .
. . . .
. . . .
. . . .
. . . .
. . . .

LIFE   WORK

✦   ✦

GEFÜHL(E) DES TAGES

. . . .
. . . .
. . . .

132)

DATUM

ICH BIN DANKBAR ...   GEDANKE(N) FÜR DEN TAG

· ·

· ·

· ·

· ·

· ·

LIFE   WORK

◆   ◆

GEFÜHL(E) DES TAGES

· ·

· ·

· ·

DATUM

ICH BIN DANKBAR ...   GEDANKE(N) FÜR DEN TAG

. . . .

. . . .

. . . .

. . . .

. . . .

. . . .

LIFE   WORK

✦   ✦

GEFÜHL(E) DES TAGES

. . . .

. . . .

. . . .

ICH BIN DANKBAR ...   GEDANKE(N) FÜR DEN TAG

. . . .
. . . .
. . . .
. . . .
. . . .

LIFE   WORK

✦   ✦

GEFÜHL(E) DES TAGES

. . . .
. . . .
. . . .

DATUM

ICH BIN DANKBAR ...   GEDANKE(N) FÜR DEN TAG

LIFE   WORK

✦   ✦

GEFÜHL(E) DES TAGES

DATUM

ICH BIN DANKBAR ...   GEDANKE(N) FÜR DEN TAG

....

....

....

....

....

LIFE   WORK

✦   ✦

GEFÜHL(E) DES TAGES

....

....

....

◆

Oft ist es gut, die Dinge allein und still
aus der Ferne zu betrachten, um zu
erfahren, was wir wirklich brauchen.

In der Stille hören wir nur
unsere eigene Stimme,
und was sie sagt, ist echt.

WAS HÖRST DU, WENN DU DIR ZUHÖRST?

....
....
....
....
....
....
....
....
....
....

*Nimm dir heute fünf stille Minuten nur für dich und lausche allem, was
kommt, ohne zu werten oder etwas verändern zu wollen. Das alles bist DU.*

DEIN WELTRAUM FÜR
GEDANKEN, SKIZZEN, NOTIZEN

TuDU NEXT

DATUM

ICH BIN DANKBAR ...   GEDANKE(N) FÜR DEN TAG

LIFE   WORK

◆   ◆

GEFÜHL(E) DES TAGES

141)

ICH BIN DANKBAR ...   GEDANKE(N) FÜR DEN TAG

. . . .
. . . .
. . . .
. . . .
. . . .
. . . .

LIFE	WORK
✦	✦

GEFÜHL(E) DES TAGES

. . . .
. . . .
. . . .

ICH BIN DANKBAR ...   GEDANKE(N) FÜR DEN TAG

. . . .
. . . .
. . . .
. . . .
. . . .

LIFE   WORK

◆   ◆

GEFÜHL(E) DES TAGES

. . . .
. . . .

ICH BIN DANKBAR ...   GEDANKE(N) FÜR DEN TAG

LIFE   WORK

✦   ✦

GEFÜHL(E) DES TAGES

ICH BIN DANKBAR ...   GEDANKE(N) FÜR DEN TAG

. . . .

. . . .

. . . .

. . . .

. . . .

LIFE   WORK

◆   ◆

GEFÜHL(E) DES TAGES

. . . .

. . . .

. . . .

ICH BIN DANKBAR ...   GEDANKE(N) FÜR DEN TAG

LIFE

✦

WORK

✦

GEFÜHL(E) DES TAGES

ICH BIN DANKBAR ...   GEDANKE(N) FÜR DEN TAG

LIFE   WORK

◆   ◆

GEFÜHL(E) DES TAGES

ICH BIN DANKBAR ...   GEDANKE(N) FÜR DEN TAG

LIFE

◆

WORK

◆

GEFÜHL(E) DES TAGES

ICH BIN DANKBAR ...   GEDANKE(N) FÜR DEN TAG

· ·

· ·

· ·

· ·

· ·

· ·

LIFE   WORK

◆   ◆

GEFÜHL(E) DES TAGES

· ·

· ·

· ·

DATUM

ICH BIN DANKBAR ...   GEDANKE(N) FÜR DEN TAG

. . . .
. . . .
. . . .
. . . .
. . . .
. . . .

LIFE   WORK

◆   ◆

GEFÜHL(E) DES TAGES

. . . .
. . . .
. . . .

DATUM

ICH BIN DANKBAR ...   GEDANKE(N) FÜR DEN TAG

. . . .

. . . .

. . . .

. . . .

. . . .

. . . .

LIFE   WORK

◆   ◆

GEFÜHL(E) DES TAGES

. . . .

. . . .

. . . .

◆

Du bist nicht weniger wert, nur weil jemand
anderes deinen Wert nicht erkennt.

Du bist nicht weniger wichtig,
nur weil jemand dir nicht zuhört.

Du bist nicht ungeliebt, nur weil
niemand »Ich liebe dich« sagt.

Hoffe, aber (er)warte nicht – denn alles,
was dich aus- und vollständig macht, bist du bereits.

NENNE MINDESTENS DREI DINGE,
DIE DU AN DIR MAGST UND SCHÄTZT:

TuDU NEXT

DATUM

ICH BIN DANKBAR ... GEDANKE(N) FÜR DEN TAG

LIFE WORK

◆ ◆

GEFÜHL(E) DES TAGES

DATUM

ICH BIN DANKBAR ...   GEDANKE(N) FÜR DEN TAG

....

....

....

....

....

....

LIFE   WORK

◆   ◆

GEFÜHL(E) DES TAGES

....

....

....

ICH BIN DANKBAR ...   GEDANKE(N) FÜR DEN TAG

LIFE

WORK

✦

✦

GEFÜHL(E) DES TAGES

DATUM

ICH BIN DANKBAR ...   GEDANKE(N) FÜR DEN TAG

LIFE

✦

WORK

✦

GEFÜHL(E) DES TAGES

ICH BIN DANKBAR ... GEDANKE(N) FÜR DEN TAG

LIFE WORK

✦ ✦

GEFÜHL(E) DES TAGES

DATUM

ICH BIN DANKBAR ...   GEDANKE(N) FÜR DEN TAG

LIFE

✦

WORK

✦

GEFÜHL(E) DES TAGES

DATUM

LIFE   WORK

◆   ◆

GEFÜHL(E) DES TAGES

ICH BIN DANKBAR ...   GEDANKE(N) FÜR DEN TAG

. . . .
. . . .
. . . .
. . . .
. . . .
. . . .

LIFE	WORK
✦	✦

GEFÜHL(E) DES TAGES

. . . .
. . . .
. . . .

ICH BIN DANKBAR ...   GEDANKE(N) FÜR DEN TAG

LIFE   WORK

✦   ✦

GEFÜHL(E) DES TAGES

DATUM

ICH BIN DANKBAR ...   GEDANKE(N) FÜR DEN TAG

. . . .
. . . .
. . . .
. . . .
. . . .
. . . .

LIFE	WORK
◆	◆

GEFÜHL(E) DES TAGES

. . . .
. . . .
. . . .

ICH BIN DANKBAR ... GEDANKE(N) FÜR DEN TAG

LIFE

◆

WORK

◆

GEFÜHL(E) DES TAGES

◆

Angst ist die Tür zwischen dir und dem,
was du wirklich willst.

Wenn du sie aufmachst,
geht das Leben erst richtig los.

WAS WARTET HINTER DIESER TÜR?

....

....

....

....

....

....

....

....

*Je mehr Türen du aufmachst, desto mehr Türen möchtest du aufmachen.
Bis du dich nicht mehr an die Angst erinnerst, die dich vom Aufmachen
abzuhalten versucht hat.*

TuDU NEXT

DATUM

ICH BIN DANKBAR ...   GEDANKE(N) FÜR DEN TAG

LIFE   WORK

◆   ◆

GEFÜHL(E) DES TAGES

ICH BIN DANKBAR ...   GEDANKE(N) FÜR DEN TAG

LIFE   WORK

✦   ✦

GEFÜHL(E) DES TAGES

ICH BIN DANKBAR ...   GEDANKE(N) FÜR DEN TAG

LIFE   WORK

✦   ✦

GEFÜHL(E) DES TAGES

DATUM

ICH BIN DANKBAR ...   GEDANKE(N) FÜR DEN TAG

LIFE   WORK

✦   ✦

GEFÜHL(E) DES TAGES

DATUM

ICH BIN DANKBAR ...　　　　GEDANKE(N) FÜR DEN TAG

LIFE

WORK

GEFÜHL(E) DES TAGES

ICH BIN DANKBAR ...   GEDANKE(N) FÜR DEN TAG

LIFE   WORK

✦   ✦

GEFÜHL(E) DES TAGES

DATUM

ICH BIN DANKBAR ...   GEDANKE(N) FÜR DEN TAG

LIFE   WORK

◆   ◆

GEFÜHL(E) DES TAGES

175)

DATUM

ICH BIN DANKBAR ...   GEDANKE(N) FÜR DEN TAG

LIFE

◆

WORK

◆

GEFÜHL(E) DES TAGES

ICH BIN DANKBAR ...   GEDANKE(N) FÜR DEN TAG

. . . .

. . . .

. . . .

. . . .

. . . .

LIFE   WORK

◆   ◆

GEFÜHL(E) DES TAGES

. . . .

. . . .

ICH BIN DANKBAR ...   GEDANKE(N) FÜR DEN TAG

. . . .
. . . .
. . . .
. . . .
. . . .
. . . .

LIFE	WORK
✦	✦

GEFÜHL(E) DES TAGES

. . . .
. . . .
. . . .

ICH BIN DANKBAR ...   GEDANKE(N) FÜR DEN TAG

· ·

· ·

· ·

· ·

· ·

LIFE   WORK

✦   ✦

GEFÜHL(E) DES TAGES

· ·

· ·

✦

Sich für das Richtige zu entscheiden, fühlt sich oft falsch und schwer an – aber viel schwerwiegender ist, aus Angst vor Hürden oder fremdbestimmt am falschen Ort zu bleiben.

Entscheidungen für das Richtige, nicht das Bequeme, können zunächst im Herzen schmerzen, aber sie werden deine Seele befreien und an die richtigen Orte bringen.

WELCHE ENTSCHEIDUNG TRIFFST DU HEUTE?

Fliegt deine Seele, kommt das Herz mit. Das eine reist nicht ohne das andere. Glaube daran, dass das Leben einen guten Plan für dich hat.

DEIN WELTRAUM FÜR
GEDANKEN, SKIZZEN, NOTIZEN

✦

Warte nicht auf das Happy End.
Genieße die Story, denn dann
ist jetzt schon alles gut.

BEVOR DU DAS BUCH SCHLIESST …

———

… schau auf all die Seiten, die du gefüllt und gefühlt hast. Was du erlebt und wie du gelebt hast. Es mag nicht alles deinem Ideal entsprochen haben, aber was ist schon ideal und wer sagt, dass »ideal« das Ziel ist? Ist stets alles perfekt, so lässt uns das in einem monotonen Dämmerzustand einschlafen, der keinen Raum für Wachstum lässt. Mit unserer Persönlichkeit ist es wie mit einem Muskel: Das Wachstum kommt durch Reize, und diese werden in herausfordernden Momenten gesetzt. Und wie ein Muskel passen auch wir uns jedes Mal an den Reiz an; und mit dem nächsten Reiz werden der Schmerz und auch die Angst vor ihm kleiner. Wir üben uns also in Resilienz und Ausdauer und werden anti-fragiler, was zur Folge hat, dass uns (berufliche) Herausforderungen nicht mehr so schnell aus der Bahn werfen.

Unzählige Male bin ich gefallen, habe Fehler gemacht und wurde vom Leben gechallenget. So oft wurde mein »Muskel« gereizt, dass mittlerweile jede neue Herausforderung oder Problematik meine Neugierde weckt: Was wartet auf mich, wenn ich diese Aufgabe gemeistert habe? Ich habe mich deshalb entschieden, mich auch im Struggle für die Veränderung und Dynamik zu entscheiden, nicht für die Bequemlichkeit. Und es macht großen Spaß, mir selbst beim Aufstehen zuzuschauen und zu sehen: Es gibt für alles eine Lösung, auch wenn sie sich zunächst nicht zeigt.

Ein Buch wie dieses zu führen, bedeutet nicht nur, sich selbst zu coachen und zu organisieren, sondern vor allem, sich selbst besser kennenzulernen. Vielleicht hat dir auf dieser Reise zu dir selbst auch nicht alles gefallen. Mir ging es so. Wie oft habe ich gedacht, wie ungenügend ich doch sei! Doch auch diesen Glaubenssatz habe ich eines Tages überschrieben und einen Gedanken für den Tag notiert, der mich seitdem im Geiste stets begleitet: »Ich bin nicht hier, um perfekt zu sein, sondern echt.« Echt ist, wenn alles sein und gelebt werden darf – jedes Gefühl, jeder Gedanke, jede Erfahrung, jeder Fail und Irrtum. Mir ist es gelungen, alle meine Anteile zu akzeptieren, als ich mit der Wertung und Kategorisierung meiner Gefühle und Erfahrungen aufgehört und sie ausgehalten habe, ohne mich von ihnen ablenken zu wollen. Kein Gefühl ist schlecht, es ist bloß da. Auch unglücklich sein darf sein – und es hat sogar etwas Gutes. Unglücklich zu sein, ist der perfekte Ausgangspunkt, um ein glückliches Leben zu beginnen. Große und gute Dinge beginnen mit Gedanken der Unzufriedenheit und vielen Fragezeichen.

In den Lebenssituationen, in denen wir suchen, sind wir meist alles andere als in Balance. Und das ist völlig okay! Manchmal musst du erst ganz unten und ganz oben und vielleicht völlig desorientiert sein, um schließlich deine Mitte zu finden. Forciere keine Ordnung. Bereue nichts. Alles, was war, hilft herauszufinden, was wirklich werden soll. Der einzige Fehler, den du machen kannst, wäre, nicht zu erkennen, dass falsche Entscheidungen lediglich die Brücke zu den richtigen sind. Erlaube dir, weiter zu schwingen, und vertraue darauf, dass du dich einpendelst.

Aber: Es ist eine Illusion zu glauben, dass alles getan ist, wenn das Pendel stillsteht. Es wird immer wieder ausschlagen, denn immer »in seiner Mitte« zu sein, ist nicht realistisch. Und eigentlich ist das auch der spannendste Part! Fällt es dir schwer, dies zu akzeptieren und die Unbeständigkeit zu adaptieren, dann stelle dir das Pendel als Schaukel vor: Setz dich drauf, nimm Schwung, wecke das Kind in dir und sei voll präsent, denn in der vollen Hingabe ist kein Platz für Sorgen, Ängste und den Wunsch, woanders zu sein. In der vollen Präsenz ist alles so, wie es sein soll, und du bist genau richtig dort, wo du gerade bist.

Wir warten viel zu oft auf das Ankommen, auf das Ziel oder darauf, dass endlich beendet ist, was wir angefangen haben. Wir warten auf einen besseren Tag, bessere Menschen, besseres Wetter, ein besseres Leben, ein besseres Ich, in der naiven Hoffnung, alles würde besser werden, an diesem Tag, wenn das Warten ein Ende hat. Und dann ist er da, der Tag, und ... husch. Ein kurzer Anflug von Glück. Vielleicht nur von Befriedigung und etwas Bestätigung. Und wieder der tiefe Fall ins Nichts, wo erneut das Träumen und Hoffen und Warten beginnen und unser Leben wie Sand zwischen unseren Händen zerrinnt. Wir können nichts festhalten, worauf wir keinen Einfluss haben und was vergänglich ist. Woran wir aber festhalten und worauf wir uns verlassen können, sind wir selbst: unsere Seele.

Erkenne, verstehe, liebe und ehre dich. Glaub an dich, schütze dich. Und höre auf, da draußen nach dem Glück zu suchen, denn alles, was du zum wahren Glücklichsein brauchst, ist längst in dir – und bleibt so lange, wie du (für DICH) lebst. Möge dir dieses Buch dabei geholfen haben, genau das zu tun.

Ich möchte dir gern so vieles sagen und auf deinen weiteren Weg mitgeben, aber dies ist bewusst kein Ratgeber und meine Texte sind kurz gehalten. Denn hier geht es nicht um mich, es geht um dich. Ich wollte, dass dir möglichst viele Seiten für deine Worte zur Verfügung stehen. Die wenigen Gedanken und Fragen, die ich formuliert habe, sollen dich bloß kitzeln, vielleicht auch etwas triggern und vor allem dazu motivieren, dich für neue Perspektiven zu öffnen, mehr vom Leben zu wollen und dir mehr in diesem Leben zuzutrauen. Wenn wir das Leben weniger als Schlachtfeld und mehr als Spielwiese betrachten, werden aus Kämpfen Spiele und aus Opfern Spieler:innen, die proaktiv sind, in Bewegung bleiben und Spaß haben.

WEITERE INFORMATIONEN

Möchtest du mehr über die youniversal-Methode und meine mentalen Strategien erfahren, dann besuche doch meinen Podcast mudditieren leicht gemacht, meinen Blog mama-moves.de oder meinen Instagram-Account @yavi_moves, wo ich noch tiefer eintauche und weitere Gedanken für die innere Stärkung und Selbstführung und die Anwendung des youniversals gebe.

MEINE LESE- UND HÖRTIPPS FÜR DICH UND DEIN WACHSTUM

Hier ist eine Liste von Büchern und Podcasts, von denen ich viel gelernt habe und die ich nun dir empfehlen möchte, wenn du nach mehr Balance, Freude und Fülle in Work und Life strebst.

BÜCHER

- John Strelecky: The Big Five for Life
- Neale Donald Walsch: Gespräche mit Gott
- Arun Gandhi: Wut ist ein Geschenk
- James Clear: Die 1%-Methode
- Ichiro Kishimi und Fumitake Koga: Du musst nicht von allen gemocht werden
- Eckhart Tolle: Jetzt! Die Kraft der Gegenwart
- Stephen R. Covey: Die 7 Wege zur Effektivität
- Jorge Bucay: Komm, ich erzähl dir eine Geschichte
- Daniel Kahneman: Schnelles Denken, langsames Denken
- Rolf Dobelli: Die Kunst des guten Lebens
- Karsten Dusse: Achtsam morden
- Dale Carnegie: Wie man Freunde gewinnt
- Jorge Bucay: Drei Fragen: Wer bin ich? Wohin gehe ich? Und mit wem?
- Ajahn Brahm: Die Kuh, die weinte
- Rolf Dobelli: Die Kunst des klaren Denkens
- Paul Watzlawick: Anleitung zum Unglücklichsein
- Joe Dispenza: Ein neues Ich

PODCASTS

- Auf einen Espresso mit Lars Amend
- The Tim Ferriss Show
- Meditation für jeden Tag (Paulina Thurm)
- Happy, holy & confident (Laura Malina Seiler)
- Greator
- Die Köpfe der Genies (Maxim Mankevich)
- Seelengevögelt (Veit Lindau)
- The Mindful Sessions (Sarah Desai)
- Die Kunst, dein Ding zu machen (Christian Bischoff)
- Business Punk – How to Hack

EINE HANDVOLL GEDANKEN ZUM SCHLUSS

———

1. Dein Zusammenbruch wird dein größter Durchbruch sein.

2. Umarme den Schmerz. Er will nur, dass du hörst und heilst.

3. Gefühle können nicht falsch sein. Sie sind einfach da. Nimm sie wahr, nimm sie an, erkenne, ob sie aus der reinen Liebe oder einer vergangenen Verletzung kommen, und entscheide, wie du sie für deine nächsten Entscheidungen nutzen möchtest.

4. Es ist nicht die Zeit, die die Wunden heilt. Dein Heilmittel ist dein Umgang mit der Zeit – wie du sie betrachtest, bewertest und gestaltest. Öffne dein Herz und all deine Sinne, und du wirst Halt finden, um loslassen zu können.

5. Du bist der wichtigste Mensch in deinem Leben – behandle dich niemals so, als seist du es nicht.

✦

Deine Ecken und Kanten machen
dich zu der Person, die du bist.

Versuche nicht, alles an dir zu ändern,
sondern begrüße deine Einzigartigkeit.

✦

Die einmalige Chance, die du im Leben
suchst, findest du nur in dir selbst.

Sie ist weder ein Glücksfall
noch ein Zufall.

Sie wird dir nicht von deiner
Umwelt geboten.

Du hast es in der Hand.

ÜBER DIE AUTORIN

YAVI HAMEISTER (geb. 1986) arbeitete viele Jahre als Journalistin und Redakteurin, bis sie sich als Autorin, Content Creator und mit einer Textagentur selbständig machte. Ihre Welt dreht sich nicht nur um das Schreiben und die Fokusthemen Gesundheit, Sport, Persönlichkeitsentwicklung, Reisen, Literatur und Kunst, sondern vor allem ihre beiden Söhne, die ihr als größte Inspiration dienen.

BIBLIOGRAFISCHE INFORMATION DER DEUTSCHEN NATIONALBIBLIOTHEK
Die Deutsche Nationalbibliothek verzeichnet diese Publikation in der Deutschen National-
bibliografie. Detaillierte bibliografische Daten sind im Internet über http://dnb.d-nb.de abrufbar.

FÜR FRAGEN UND ANREGUNGEN
info@mvg-verlag.de

Originalausgabe
2. Auflage 2022
© 2022 by mvg Verlag, ein Imprint der Münchner Verlagsgruppe GmbH
Türkenstraße 89
80799 München
Tel.: 089 651285-0
Fax: 089 652096

Redaktion: Petra Holzmann
Umschlaggestaltung, Layout & Satz: Isabella Dorsch
Druck: Florjancic Tisk d.o.o., Slowenien
Printed in the EU

ISBN Print 978-3-7474-0397-6

Wir produzieren
nachhaltig
www.m-vg.de

Weitere Informationen zum Verlag finden Sie unter

WWW.MVG-VERLAG.DE

Beachten Sie auch unsere weiteren Verlage unter www.m-vg.de